Christian Castro Silva

Poemario Agridulce I

Christian Castro Silva

Poemario Agridulce I

Poemas del Ser Más Dulce o el Desvarío Más Romántico

JustFiction Edition

Imprint
Any brand names and product names mentioned in this book are subject to trademark, brand or patent protection and are trademarks or registered trademarks of their respective holders. The use of brand names, product names, common names, trade names, product descriptions etc. even without a particular marking in this work is in no way to be construed to mean that such names may be regarded as unrestricted in respect of trademark and brand protection legislation and could thus be used by anyone.

Cover image: www.ingimage.com

Publisher:
JustFiction! Edition
is a trademark of
International Book Market Service Ltd., member of OmniScriptum Publishing Group
17 Meldrum Street, Beau Bassin 71504, Mauritius
Printed at: see last page
ISBN: 978-620-0-49090-2

Christian Castro Silva

El Poemario Agridulce I

Poemas del Ser Más Dulce o el Desvarío Más Romántico

Por: Christian Castro Silva

Dedicatoria

A mi amiga y colega Maribel Rondón, por su incansable lucha contra el cáncer, eres un ejemplo para tu familia, una heroína que siempre recordaré, aunque ya no estés.

Agradecimiento

A mis dos grandes amigos artistas Leonardo Alegre y Adrián Rocha. Por sus consejos y explicarme que jamás debemos rendirnos.

A mi amiga escritora, Eliana Maldonado, simplemente seguí tus pasos y aquí estoy.

Presentación

Cuando los sentimientos desbordan en el ser humano, por alguna razón estos se convierten en palabras, que dan vueltas en la imaginación de una existencia, esas palabras suelen salir en forma de verso o acompañada de rima, que hace más bella la expresión de las emociones.

Lo que la remembranza de una emoción se impregna en dulces composiciones, comienza a mostrarse en palabras con ritmo que causan reacciones.

Dicen que los románticos no existen, pero para poder vivir la emoción y la belleza de un sentimiento, no sólo se debe vivir lo bueno, también se debe vivir lo malo y sentir el dolor, para compartir lo más maravilloso que es estar solo o acompañado.

Índice

Si de un poeta aficionado conociste el amor o el deseo, si alguna vez tocaste su mano, si alguna vez le diste un beso o simplemente le diste cariño; nunca te mentirá si te dice que serás eterna en su memoria, si te encuentras en este poemario, es porque fuiste parte de su historia...

En blanco y negro, como el color de mis pensamientos...

El desvario que amaba

(Domingo 8 de setiembre 2019)

Cada día siento que se me acaba el tiempo
Cada día pienso y me duele el cuerpo,
Juego con las horas, los minutos, los segundos,
Miro el reloj, y en el cuello se me hace un nudo,
Pero algo me dice que no volverás a ser la misma.
Porque pase lo que pase perdí tu vida que algún día fue mía,
Sólo un monstruo pierde tanto,
Sólo un monstruo suelta el manto,
Sólo un monstruo usa un mazo,
Y termina en su cueva llorando,
De aquella mujer que te amó con locura,
Hoy sólo queda amargura,
Porque el monstruo es el culpable de haber perdido a la doncella,
Que, no trataba como una princesa bella,
Sino como una prisionera,
Y aunque intente seguir luchando por ella,
No ganará, no logrará, no vencerá,
¿Qué quedará?
Sólo el monstruo es el culpable de este perjuicio que no tiene cura,
Pues de aquella hermosa y pequeña criatura que te amaba y amó con locura,
Fue él mismo, el autor de toda su tortura,
Lo siento mucho monstruo,
Ahora mismo estás tú solo,
Ahora mismo ya no hay modo,
Lo siento monstruo haz perdido todo...

Christian Castro Silva

El recuerdo del deseo

(viernes 28 de enero del 2000)

Quisiera tener el color marrón de tu cabello,
Aquel que por donde va, deja un rastro bello...
Quisiera tener el canela de tu piel oscura,
Aquella que por donde paso mis labios, aumenta mi temperatura...
Quisiera tocar tu cintura pretensiosa
Aquella que cuando la estrujo, enciende tu deseo y te vuelve misteriosa...
Quisiera lentamente recorrer tu cuerpo con mis besos y tropezarme con tus labios gruesos...
Quisiera sentir otra vez, que entro en el fondo de tu cuerpo, y estrellar mi mirada con tu mirada de deseo...
Quisiera tener el olor de tu cuerpo entre mis dedos, ese perfume que llama al deseo...
Quisiera ser otra vez, el objeto de tu aprecio,
Para que me tomes y me dejes, porque a veces el precio de tenerte es tu desprecio...
Quiero mirarte otra vez hacia los ojos, en el momento exacto en que te exploro...
Mirar tus ojos otra vez y ver como viertes veneno de deseo y lujuria, que me deleita y me mata con locura...
Mirar cuando sonríes porque sabes que me tienes y me tomas y me dejas, cada vez que tú lo quieres...
Cada paso que das al andar es mirarte al caminar....
Maldita seas mujer, porque no te puedo dejar de amar...

Christian Castro Silva

Yo te veo, yo te miro

(martes 13 de junio del 2000)
(En el aula de clase)

Yo te veo, yo te miro
Y te siento cada vez que respiro...
Yo te veo, yo te miro
Y te quiero siempre con cada latido...

Yo te veo, yo te miro
Pero estás tan lejos amor mío...
Yo te miro y te sonrió...
Y siento que esto ya no tiene sentido

Yo te miro y te sonrío...
Pero no soy más que una mancha en tu destino

Que mirarte y observarte...
Y nada más que ilusionarme
Que mirarte y observarte...
Y en silencio poder amarte

Que soñarte y no tenerte
A veces sólo desearía la muerte
Que soñarte y no tenerte
Y odiarme por quererte.

Christian Castro Silva

El adiós de un padre

(jueves 27 de abril del 2017)

Cabellitos negros lacios,
Cabellitos fideitos que tiene su propio espacio,
Solo saben caer largamente por tu espaldita,
Finitos cual rayitos de sol que alumbran tu carita...

Nunca te avergüences de tus cabellitos niñita,
Pues son los que te convierten en angelita,
Y cuando triste estoy, tu cabellito he de acariciar,
Es lo que quita de mi vida la tristeza y el pesar...

Ya sabes hijita, compartir contigo mi tiempo,
Me hace feliz y me llena de alegría para vivir,
Te amo mucho mi reinita de cabellitos lacios,
Porque contigo el tiempo va más despacio...

Cabellitos revoloteados en una mañana de colegio,
Va con su hermoso peinadito y su uniforme regio,
En un atardecer donde parece que va a llover,
A mi niña al colegio iré a recoger...

Ya, aunque ahora sean recuerdos hermosos,
Nunca olvidaré esos años mozos,
Donde sólo éramos mi niña y yo,
Donde el mundo era para los dos...

Hija querida ya paró de llover,
Después de hoy ya no voy a volver,
Pero confío en que serás una gran mujer,
Y a donde voy te recordaré y no te dejaré de querer...

Christian Castro Silva

La niña linda de la televisión

(viernes 6 de diciembre de 1991)

Tengo nueve años recién cumplidos,
Pero en la tele existe una niña de un rojo vestido,
A ella la veo siempre tiene una sonrisa hermosa,
Ella parece artista y baila como una diosa...

Tengo 9 años recién cumplidos,
Pero de esa niñita lacia, yo soy testigo, ella mira a la tele sonríe y me siento vivo, pareciera que me sonríe, por eso todas las tardes la miro...

En casa todos hablan de ella, todos dicen que ella es la más bella, me dicen, oye tu novia va a ganar,
Me molesto y me vuelvo a sonrojar...

Ella va a ser una estrella, con porte de reina de una nación, yo un ciudadano común, que sólo la va a mirar por televisión...
Han pasado varios años, aún recuerdo su baile y su canción, y aún hoy la admiro y la sigo viendo por televisión...

Ella siempre será en mis recuerdos un recurso, como la niña bonita del concurso,
Como la niña estrella e inalcanzable por ser tan bella e incomparable...

La niñita que danza, hoy es una mujer que encanta a una nación, hoy la sigo viendo por televisión, pero para mí siempre será "la paquita peruana" que estará en mi corazón...

Christian Castro Silva

Alcancé el cielo con un beso

(lunes 23 de setiembre del 2002)

Como a eso de las tres, de tus labios pude beber,
Te besé y aún no lo puedo creer,
A quien tanto tiempo soñé,
Hoy me jura que me será fiel...

Te besé y me dijiste te quiero,
Te besé y ese ahora será mi anhelo,
¿Sabes cuánto te había soñado?,
No sabes cómo me he ilusionado...

Hoy te mire fijamente a tus ojos,
Te dije que borres el enojo,
Te llevé de la mano al jardín de la universidad,
Y te dije ahora si dime la verdad...

Quieres ser la elegida de mis sueños,
Quieres ser la diosa de mis deseos,
Pues dime sinceramente y ahora,
Si quieres ser dueña de mi vida pecadora...

Hoy mi historia contigo se reescribe,
Sólo yo seré quien a tu lado vive,
Con amor, con ternura y sin cordura,
Quiero amarte y sentir que no hay más dudas...

A partir de hoy sólo eres tú y nadie más,
Y en mis momentos y en mis sueños estarás,
Confieso que no sé cuánto tiempo estaré con ella,
Pero a partir de hoy en mis poemas ella siempre será eterna...

Christian Castro Silva

Miedo de que seas mi amante

(sábado 18 de junio del 2016)
Tu mirada es intensa y tu sonrisa coqueta,
Me escuchas cuando te hablo,
Me miras sólo los labios...

Te veo casi a diario y te sigo pensado,
Esto me está preocupando,
No sé, lo que está pasando...

A veces te miro en clase,
Y no me dejas que avance,
Pues veo tu mirada clavada en mí,
Realmente, ¿qué es lo que buscas para ti?...

Hay consultas y saludos siempre muy cercanos,
Siento a veces la necesidad de tocar tus manos,
Me gusta tu trato empieza a gustarme,
No creo que a estas alturas empiece a enamorarme...

Deseo sacarme las dudas infelices,
Trato de conocer a la chiquilla de mirada triste,
Nos juntamos en una conocida cafetería,
El café sería cómplice de lo que nos convendría...

Te veo entrar en cámara lenta, te sigo paso a paso,
Veo que ya me ves y caminas sin retraso,
Estás cada vez más cerca, cual tren en un riel,
Sigues tu riel, no te vas a detener, hasta que tus labios chocan con mi piel...

Así como me lo imaginaba, así como lo que esperaste,
La chiquilla de mirada triste ahora es mi amante...

Christian Castro Silva

El llanto arrepentido de un mentiroso

(sábado 9 de junio del 2018)

Me dices que se acabó el amor,
Que lo nuestro no tiene salvación,
Que quizá hoy otra persona llama tu atención,
Que te deje libre por favor...

No pretendo ser un ser de tu desprecio,
Sé que ya no soy el mimo de tu aprecio,
Lo que dejas ahora es una triste versión de mí,
Algo que no tiene alma y aprenderá a vivir sin ti...

Me siento en un parque a pensar,
Recapitulo todos los errores que pudieron pasar,
Me acurruco en un sueño imaginando que estás aquí,
Pero todo demuestra que ya no será así...

Hasta hoy, incómodo es mirarnos,
Olvidados ya, hemos llegado a odiarnos,
Siento que lloro, pero no soltaré lágrimas de amor,
Quizá es el orgullo que se derrite ante el dolor...

Los mismos lazos que nos enredaron en amor,
Hoy incomodan y perturban la razón,
Los pétalos de rosas de nuestra cama de pasión,
Hoy son recuerdos que se apagan en el corazón...

Christian Castro Silva

La conviviente infiel

(jueves 1 de agosto del 2019)

*Horas vienen y horas van que ya empiezan a pasar,
Horas que desesperan para podernos encontrar,
Hoy por fin voy a verte brillar,
Hoy por fin en tu piel me voy a inyectar...*

*Otro encuentro más, muy serio y muy sobrio,
Mediremos el tiempo para que regreses con tu novio,
En el centro del tornado de todo nos olvidaremos,
Y en el placer concebiremos que sólo uno seremos...*

*Otro día más, otro encuentro consumado,
Me miras cuando culminamos y te sonrío animado,
Afuera a la orilla de las sombras de los marginados,
Caminamos abrazados como dos enamorados...*

*Ha pasado un tiempo, y vi tus fotos acompañada,
Sonríes como una diva y te vi también emocionada,
En tus fotos te pusiste bella, te pusiste preciosa,
Al contemplarte yo recuerdo a esa salvaje diosa...*

*Heroína del recuerdo, mujer de mis anhelos,
Me quitabas el sueño con tus ansias y deseos,*

*Siento gozo al recordarte sin arrepentimientos,
En cada segundo recordaré tus sometimientos,
De tus deseos irracionales y tus sensuales comportamientos...*

Christian Castro Silva

¿Y qué? no puedo llorar

(viernes 17 de diciembre de 1999)

Cuando escucho tu nombre,
Quiero quedarme solo para llorar,
Cuando entiendo que soy hombre,
Sé que no me debo lamentar...

Pero te extraño es la verdad,
No me diste tiempo para argumentar,
Pero si me arrepiento de abandonarte sin pensar,
Sin haberme dado cuenta que eras rosa de mi rosal...

Eras linda y llena de planes,
Soñabas conmigo y me dabas mensajes,
De un futuro juntos y con una vida armada,
Donde seriamos viejos y te sentirías amada...

Nada mejor que recodarte con una canción,
Aquella que te compuse y te hice con amor,
Pasaran lo años y no te olvidaré,
Eras mi chica del colegio la que siempre recordaré...

Musa de mis noches de cuadernos cuadriculados,
Finales de libros donde escribo tu nombre a un lado,
Te dije que serías eterna y que estarías aquí,
Te escribí este verso, porque aún estás en mí...

Christian Castro Silva

Te veo en el patio

(miércoles 14 de setiembre de 1988)

Yo te espero en el patio del primer recreo,
Yo te veo con mi mandil, es raro siento mareo,
Me sudan mis manos porque sé qué voy a ver,
Llevo figuritas son para ti, te las compré ayer...

Tengo un año menos que tú y empecé a quererte,
Pero era feliz, porque en el recreo puedo verte,
Hoy no te entregué ni una figurita,
Quizá te las entregue mañana en la mañanita...

Un día ya no resistí más el quererte acompañar,
Te pregunté si a tu lado podía caminar,
Me dijiste está bien y podemos conversar,
Yo te pregunté si te podía abrazar...

Cuando conversamos sobre algún color,
Saqué las figuritas y te dije con amor,
Esto que esta aquí,
lo compré pensando en ti...

Guárdalo con cariño,
Porque sé que, aunque soy un niño,
Espero algún día me recuerdes,
En tus sueños estaré cuando menos te lo esperes...

Christian Castro Silva

Si pudiera

(viernes 18 de setiembre de 1998)

Si pudiera decirte cuanto te quiero,
Si tuviera las palabras para decírtelo,
No tendrías razón para ignorarme,
Y tendrías cariño para brindarme...

Si tuviera el valor,
Si tuviera la decisión,
Podría decirte cuanto te quiero...
Porque desde que te vi,
No he dejado de pensar en ti,

Si pudiera salir contigo algún día,
Sin perder mucho tiempo te lo diría,
Estás en mi cabeza todo el día,
Obviamente eres tú la mujer de mi vida...

Si tuviera el valor,
Si tuviera la decisión,
Podría decirte cuanto te quiero...
Porque desde que te vi,
No he dejado de pensar en ti,

No dejo de soñarte
No dejo de adorarte
No dejo de pensarte
Que un día pueda amarte...oh, mi amor.

Discutiendo a la distancia

(viernes 25 de mayo de 2001)

Al recordarte, te extraño tanto y sin razón,
Miro al cielo y espero que lo mires corazón,
Quiero llamarte, pero quizá no vayas a contestarme,
No voy a llamarte, quizá vayas a molestarte...

Déjame decirte que extraño nuevamente merecerte,
Recuerdo sólo lo bueno y bello que fue quererte,
Aún sueño despierto y vuelvo a tenerte,
Pero despierto y tampoco hoy podré verte...

La distancia es algo destructivo,
Duele vivir en ella cautivo,
Pero más que estar alejados y rendidos,
Duele haber perdido por no habernos entendido...

Adiós, a quien pudo ser el amor de mis días,
A quien pudo ser la musa de mis villanías,
La mujer que me daría mil alegrarías,
Pero hoy es una catarata de ilusiones perdidas...

Christian Castro Silva

Para que dejar de amarte

(viernes 8 de agosto de 1997)

¿Para qué dejar que este amor se muera hoy?,
¿Para qué dejar que eso pase?,
Si al soñarte te quiero más...

Dejarás que la distancia confunda mi ser
Y harás que te olvide por cansancio mi bien...

¿Para qué llenarme de ti si ya no estás?,
¿Para qué buscarte más en los brazos de otro amor?...

¿Para qué buscarte más mi gran amor?,
¿Para qué amarte mas si ya nunca volverás?...

Christian Castro Silva

Deja que me acerque a tí
(miércoles 8 de octubre del 2003)

Amo tus cabellos pintados de rojo,
Amo tu sonrisa y cuando me miras me sonrojo,
Amo tu piel que es brillante y color miel,
Me emociona el olor de tu piel...

Un metro sesenta de pura coquetería,
No sé qué sería si un día te besaría,
Pequeña y cruel obsesión,
Tu belleza me ha robado la razón...

Pequeña y graciosa,
Hermosa y grandiosa,
Me encantan tus labios,
Pequeña mentirosa...

Sueño con tus abrazos,
Siento tus rechazos,
Aunque me digas, eres lindo amigo,
Es bonito mirarte y estar contigo...

Christian Castro Silva

Amiga o fiel amante
(jueves 25 de junio de 1998)

Mi amiga tu sólo eras y así yo te conocí,
No pasó mucho tiempo y yo también lo sentí,
No era sólo afecto sentía amor por ti...

Amiga o fiel amante las dos cosas dan igual,
Tú me amabas por dentro yo siempre te pagué mal,
Amiga o fiel amante el dolor fue para ti,
Tú me sentías muy dentro y yo nunca a ti te creí...

El tiempo hizo que me arrepintiera,
Me hizo ver, que quien te merecía yo no era,
Ahora lamento no ser yo quien te haga feliz,
Porque vives el sueño aquel que para siempre perdí...

Amiga o fiel amante en mis sueños te veré,
Amiga o fiel amante porque siempre te querré,
Amiga o fiel amante nunca, nunca te olvidaré,
Amiga o fiel amante soñándote aquí me quedaré...

Christian Castro Silva

¿Quisiera un por qué?

(domingo 19 de enero del 2003)

¿Qué haces ahora que no soy parte de tu vida?,
¿Cuáles son tus anhelos y tu día a día?,
¿Cómo avanzas por la vida ahora que no eres mia?,
¿Valió la pena esa rara despedida?...

Ahora veo distinto el mundo con tu ausencia,
Siento que, en gran parte he perdido mi esencia,
No soy el mismo siento dolor y desavenencia,
Tú eras mi vida, ya no soporto esta divergencia...

Ya no hay nada más porque sentir,
Ya no hay nada más porque que vivir,
Ya no sé cómo con la soledad convivir,
Sólo con el dolor dentro mi existir...

Mi única máquina del tiempo son los recuerdos,
Mi única forma de poder contra los miedos,
Ya no puedo preguntarme ¿hasta cuándo viviré así?,
Realmente de este mundo quisiera partir...

Tiempo avanza,
Al dolor desplaza,
Ya no puedo,
Ya no quiero,
Tengo miedo...

Christian Castro Silva

Amor más fuerte

(sábado 1 de febrero del 2020)

Lo nuestro fue único e incomparable,
Nuestro amor fue un deseo implacable,
Y cada minuto vivido adorable,
Pero ahora te alejaste de forma insalvable...

¿Cuánto puedo luchar?,
¿Cuánto puedo gritar?,
¿Cuánto más puedo llorar?,
Haga lo que haga, ya no me vas a amar...

Nos amamos en estos años tanto,
Que no terminará mi llanto,
Y aunque siga pensándote,
Más seguiré amándote...

Nunca podré apartarte de mi mente,
Siempre en mi vida estarás presente,
No podrá existir amor más fuerte,
Que pueda superar a la muerte...

Christian Castro Silva

Pierdes o pierdes

(lunes 25 de noviembre del 2019)

Duele querer,
Duele tener,
Duele ceder,
Duele perder...

Cansado estoy de tus odios,
Odiado estoy por tus cansancios,
Eres mi enemiga, que alguna vez fue tan querida,
Desde hoy te prefiero lejos de mi vida...

Parece mentira, que nos odiemos tanto,
Lamento que de tantos años solo exista desencanto,
Yo luché mucho, y antes de hoy muchas noches lloré,
A partir de hoy a la soledad abrazaré...

A partir de ahora tú ya no me tienes,
Lo siento, pero creo que no entiendes,
Hoy, aunque no llores tú ya no me mientes,
Hoy tú, al igual que yo, pierdes o pierdes...

Christian Castro Silva

Tortuoso placer

(sábado 15 de octubre del 2016)

Deseo secreto, húmedo y oculto,
Secreto húmedo, oculto e insulso,
Placer inflado por tus poses de niña inocente,
Que hacen que te mire con deseo demente...

Juegas bien tu papel de niña ilusa,
Juegas y me engañas cuando te arranco esa blusa,
Me pides que siga y que pase el tiempo,
Me dices "te amo" y nuevamente empieza el juego...

Una mentira que intriga,
Fantasías que con el cuerpo se castiga,
Me domina tu juego de mentira,
Del placer tortuoso que a mi vida inspira...

Ya no quiero volver a verte,
Sé que esto es prohibido, pero no quiero perderte,
Pero tú cuerpo es como un imán y quiero tenerte,
En mis brazos desmayada de placer verte...

Dentro de tu cuerpo me oculto hasta la saciedad,
Luego mentiré para ocultar esta barbaridad,
Sólo de seis a diez yo seré de tu propiedad,
Somos Indigentes de amor que nos deseamos con prioridad...

Christian Castro Silva

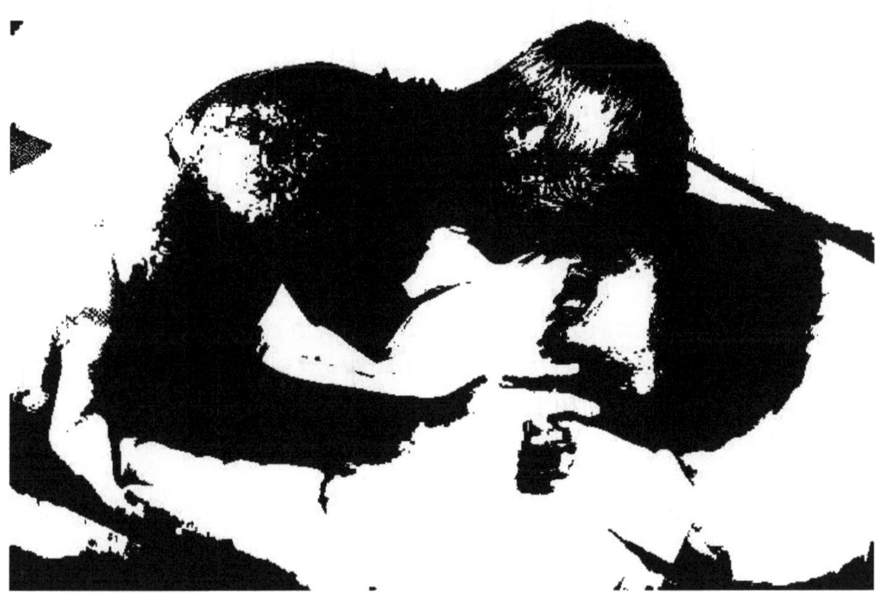

Besos de iglú

(viernes 6 de abril del 2018)

Protegido, me sentía en tus besos,
Aquellos que me dabas, tus besos, eran esos,
Cuando me amabas, de tu boca me volvías preso,
En tu cuerpo, cada noche estaba impreso...

Hoy de ese bosque húmedo de intenso deseo,
No existe ni una rama seca que invite a un paseo,
No pasa de un beso frio, en la puerta por la mañana,
Que dice, solo compromiso no sueñes más con mi cama...

Se acabó la exploración de tu cuerpo en acción,
Se acabó la sensación de cariño y pasión,
Se acabó la excitación de perder la razón,
Se acabó casi todo, parece una maldición...

Ya no te siento,
Pareces viento,
Ya no pienso,
Ya no es un sueño...

Maldita rutina del día, que acaba con mi vida,
Maldita mezquindad, que acaba con mi amabilidad,
Maldita noche larga, que cada hora es más amarga,
Maldito episodio que acaba con mi matrimonio...

Christian Castro Silva

Les debo más de lo que imaginan

(jueves 15 de marzo del 2007)

En el instante que los escuché llorar,
En ese momento entendí que nada será igual,
Ustedes eran una parte de mi imaginación,
Ahora son una realidad llena de satisfacción...

Son incontables pedacitos de mi ser,
Que ríen y viven hasta el anochecer,
Construyen sueños con sus alegrías,
Me ayudan a terminar siempre los días...

Siempre estaré presente para hacerlos felices,
Aunque a veces el mundo oscurezca los matices,
Siempre serán una razón para seguir y ganar,
Porque son ustedes el camino para avanzar...

Sus sonrisas,
Sus caricias,
Sus ideas,
Sus malicias...

Son mis pequeños de manitos graciosas,
Los que me ayudan a vivir las carencias penosas,
De pequeños me preguntaron si 100 años viviría,
Allí estaré para ustedes, saben que no lo dudaría...

Christian Castro Silva

No sueltes mi mano

(miércoles 22 de junio del 2016)

Me dijiste no me dejes nunca,
Una tarde gris mientras sujetabas mi nuca,
Después de ser un solo ser, durante una hora,
Hicimos la promesa de estar unidos sin demora...

Sentía en tus cabellos ese olor a cielo,
Miraba en tus ojos ese leve destello,
Había tristeza, alegría y sencillez,
Te metías en mi cabeza con mayor rapidez...

Tu rostro de niña me decía que mi mano no soltarías,
Mientras me tenías carnalmente, en tu mirada me perdía,
No quedaba nada más, nuestros cuerpos hicieron un compromiso,
Tú y yo estaríamos enlazados, enraizados y sumisos...

Para siempre nada dura,
Sabiendo que bordeamos la locura,
No te miento,
Para siempre es mucho tiempo...

Tu mirada de niña y tu; "no me dejes nunca" me adelanto el presagio,
Cuando empiece el siniestro escaparás del naufragio...

Christian Castro Silva

Sal de mi cabeza por favor

(lunes 13 de agosto del 2018)

Cada mañana en la que te sueño y me despierto,
Cada calle que estuve contigo, ahora es un desierto,
Cada caricia tuya ahora, es un desacierto,
Cada "te amo" que nos dijimos, ahora está muerto...

No tienes idea, ¿cómo es sufrir y caminar?,
Pensando que, en cada esquina te voy a encontrar,
Tú estás en cada cosa que hago en mi vida,
Quisiera morir y sólo así empezar mi huida...

Estoy harto de pensarte,
Estoy harto de esperarte,
Estoy harto de amarte,
Ya no quiero recordarte...

Quítame el llanto, no soporto este dolor,
Quítame el lamento, yo deseo estar mejor,
Quítame este sufrimiento, ya entendí tu desamor,
¿Puedes salir de mi cabeza por favor...?

Christian Castro Silva

El deseo prohibido

(viernes 4 de mayo del 2012)

Hoy tus manos rozan otra piel,
Cada día tu cuerpo siente otro calor infiel,
Tus labios gozan de otra húmeda sensación,
Con otro aroma, con otro aliento, con otro corazón...

Ahora pensarte es prohibido,
Alucinarte es un dolor ungido,
Duele imaginarte en brazos de algún individuo,
Duele pensarte que gozas con él cómo conmigo...

Estuviste íntimamente una vez conmigo,
Teniendo tu matrimonio bueno, sano y erigido,
Jugaste a un precio muy alto, tenerme sumido,
Pues esto sí es un deseo prohibido...

Me tuviste jugando y me sometiste rendido,
Y aún hoy sigues con ese juego podrido,
De querer tenerme una vez más adherido,
Teniendo en casa a un buen hombre, un buen marido...

Pues caeré una vez más a tu deseo lujurioso,
Aunque otra vez peque de ambicioso,
Que tenerte en una tarde ardiente y pecaminosa,
Sabiendo que eras la menor amiga de mi esposa...

Christian Castro Silva

El primer deseo adolescente

(lunes 12 de octubre de 1998)

Eres una rosa que se abre a la primavera,
Primavera que, con el calor de tus besos funde la arena convirtiéndola en piedra,
Tus besos me hacen perder la ilación del tiempo,
Me mueven de pies a cabeza y me aferro a tu cuerpo...

Sé que eres una niña aún con tus 14 inviernos,
Yo con 16 en tu cama conocí el calor del de mil infiernos,
No sabemos cómo satisfacer la promesa de nuestra calentura,
Y yo sólo cual naufrago perdido me aferro a tu cintura...

Me cuesta trabajo el paso seguirte,
Te digo te amo y vuelvo a mentirte,
Realmente el fuego de tu cuerpo entero,
Despierta mi líbido y juega con mi esmero...

Esto no va a acabar pronto y me siento prisionero,
Juegas tu juego y recorres con tus labios el sendero,
Conoces bien ¿qué? y ¿cómo? hacer,
Conoces todos los puntos del placer...

Al final del compromiso entiendo de tu excelencia,
Esto lo haz vivido, lo dice tu experiencia,
Comienzo en tu boca, en tu pecho termino,
Sólo quisiera que no me vuelvas a decir amigo...

Christian Castro Silva

Tómame y déjame cuando desees

(sábado 21 de diciembre del 2019)

Me llevas y me traes,
Me coges y me atraes,
Con ley o sin ley de magnetismo,
Te satisfaces y me apeno de mí mismo...

No tengo idea de cuánto más sufrir
¿Luego del deseo sólo debo partir?
¿Quizá soy algo para poder adherir?
¿Qué consumida su suerte, puedes decidir?...

Luego de satisfacer tu maldito deseo,
Luego de que tu cuerpo con mi esencia glaseo,
Me dejas y te largas a tono de un parafraseo,
Pero me recuerdas que me buscaras para otro jubileo...

Eres detestable,
Pero tormentosamente adorable,
Me utilizas en tu juego creíble,
Me tendrás otra vez, porque tu estrategia es infalible,

Maldita tóxica ardiente,
Cuando me vuelvas a llamar, me tendrás al frente,
Me tienes donde quieres tenerme así pelees,
Tómame y déjame cuando desees...

Christian Castro Silva

Exótica princesa asiática
(miércoles 7 de agosto del 2019)

China linda para los amigos,
Pero prefieres salir con algunos más bandidos,
Aquellos que te hacen perder el control una noche,
Aquellos que te encienden en la playa en su coche...

Pero algo distinto es tu trato conmigo,
A mí me dices, tontito yo te quiero como amigo,
Otros te buscan para descargar sus temblores,
Yo te recojo de tu trabajo y hasta te llevo flores...

Es la suerte del que realmente quiere con romance,
Lo toman por amigo y lo dejan muy distante,
No entiendes que, si tuvieras lo que te debes merecer,
Tendrías a tu lado un hombre que te valore como mujer...

Pero quizá sea tu vida, tu forma y tu sentir,
Pero ten en cuenta que algún día voy a partir,
Lo que vives cada noche en un momento muy fugaz,
Lo vivirías conmigo a diario de manera muy vivaz...

Me callo y te escucho,
Te miro y sonrío,
Te atiendo y no entiendo tus ojos malignos rasgados,
Que sigo a tu lado y me sigues dejando rezagado...

No quieres vivir el amor un poco más de un día,
Sólo buscas subir tu temple y degustar tu ambrosía...

Christian Castro Silva

Extensión de vida

(jueves 2 de enero del 2020)

Hoy el tiempo esta en cuenta regresiva,
Siento que no te conocí como debería,
Pero, aunque sé que luchas querida amiga,
No encuentro en ti ninguna bendita mejoría...

Tu sonrisa característica, tu mirada agraciada,
Ya no dibujan tu ser ni tu alegría desbordada,
No quiero que te vayas, ni que este mundo dejes,
Eres mujer de talentos y una vida larga mereces...

¿Quién puede con el azote de esta enfermedad?,
Que maltrata tu cuerpo y espíritu con crueldad,
Aún te mantienes firme y sigues con tu vida,
Y no es justo que el dolor te mantenga dormida...

Quisiera brindarte parte mi ser y verte florecer,
Que digas amigo gané la batalla, sin perdidas ni fallas,
Que salgas caminando de ese hospital muy alegre,
Y vuelvas a tu carrera y con tu familia por siempre...

No quiero soñar ni especular,
El tiempo se empieza a acabar,
Maldito azote esta enfermedad atrevida,
Que poco a poco está acabando con tu vida...

Mujer valiente y heroica, siempre te admiraré,
Querida amiga siempre tu ejemplo seguiré,
Amiga reiremos pronto, algún día te encontraré...

Christian Castro Silva

No decides lo que deseas

(viernes 19 de abril del 2019)

Hola, dime ahora ¿cuál será tu evasiva?,
Me dirás, que no te quieres poner festiva,
Me tratarás de alejar, diciendo que eres nociva,
Que no imagine nada contigo, porque eres poco afectiva...

Tus razones muchas veces son risibles,
A pesar de que tus sentimientos son legibles,
Me quieres y me desprecias cuanto prefieres,
Dime mujer indecisa ¿Cómo me quieres?...

Cada llamada es más confusa,
Cada mensaje te muestra más difusa,
Otro día me dices que mueres, que quieres verme,
Otro día me dices que aún no quieres tenerme...

Te he besado más de una vez apasionadamente,
Te he sentido enamorada y con ganas de poseerme,
Luego te escucho diciendo, que esto no puede ser,
Dime todo esto ¿cómo lo debo entender?...

Un día te darás cuenta de que ya no estaré allí,
Preguntarás ¿por qué ya no acudo a tí?,
Algunos tenemos algo que se llama dignidad,
Y se usa cuando a uno no lo tratan con seriedad...

Christian Castro Silva

Mujer de arte y enamorarte

(sábado 15 de julio del 2000)

Mujer artista, mujer de arte,
Te miro en cada escena, que fácil es amarte,
Valoro el observar tu dedicación,
Aprecio admirar tu actuación...

Todos los días te sueño y me pregunto,
¿Quién será quien te ame y te rinda culto?,
Eres mujer de sorprendentes cualidades,
En cada personaje muestras infinitas capacidades...

Tus movimientos corporales son bellos y sensibles,
Tus lenguajes no verbales, suaves e increíbles,
Me encanta tu arte y tus pasiones,
Que desatan en mi ser elevadas sensaciones ...

Amo ver en tu verbo las emociones,
Sean de risa o llanto, amo tus acciones,
¿Quién fuera tan talentoso de conquistarte?,
Ese sería un erudito perfecto del arte...

Por ahora sólo soy un admirador fiel,
Que cuando te aprecia siente electricidad en la piel,
En sueños profundos eres musa y yo sólo tu aprendiz,
Seré quien te lleva flores alabando tu expertiz...

Soy aquel del montón, ese enamorado y soñador,
Que hila con sus sueños esperanza de admirador...

Christian Castro Silva

La muerte primigenia

(viernes 07 de febrero del 2020)

Acariciame fin de mis días, ya se termina esta partida,
Porque doña muerte no respeta, porque es atrevida,
Quiere todo desaparecerlo, todo tenerlo para ella,
Quiere llevarte y borrar de esta tierra tu huella...

Maldito carrusel que se tiene que sortear,
No sabes si en la próxima vuelta te puede a ti tocar,
O es una fila india larga en donde se pasa un umbral,
Aún no se sabe cual es la posición actual...

Y aunque al abismo todos vamos a caer,
No tienes porque ningún miedo tener,
Porque desde hoy vivirás como si fuera el ultimo día,
Viviendo por completo de tus gustos y de tu alegría...

Maldita mensajera que te llevas a todos sin medir,
Arrastras a todos forzándolos a partir,
Nunca a tus acciones miedo les tendré,
Te espero viviendo a tope y te enfrentaré...

Yo sólo sé que en todos lados no eres requerida,
Aunque dicen que despejas el camino para la vida,
Por ahora siempre sufriré tu perversa labor,
Llevándote amigos y familiares que parten con dolor...

Estuviste antes que yo y estarás cuando me vaya,
Eres primigenia al universo, eres una gran canalla...

Christian Castro Silva

Ella vive el sueño

(domingo 17 de junio del 2018)

A ella la vi ayer, la vi su vida rehacer,
Y tú aún sigues sufriendo sin saber qué hacer,
Ella vive el sueño y parece que es sincero,
Ella ama ahora a otro, que parece un caballero...

No digo que tú seas malo, ni mal amante,
Pero la vi muy alegre como nunca antes,
Ella ahora realmente sonríe con verdad,
Parece que ese tipo a su vida le dio claridad...

Sonríe más que en los años que estuvo contigo,
En estos meses tiene amor y también tiene un amigo,
Escribe en sus redes sociales lo bello de enamorarse,
Y eso nunca lo vi, parece que hasta desea casarse...

Pero a veces nunca luchamos contra los temores,
Aquellos que nos hacen cometer errores,
Como el de no querer quedarse en soledad,
Y tener que acompañarse con la mediocridad...

Lo siento querido amigo, tu momento ya pasó,
Ahora yo la amo mucho, como nadie más la amo,
Y me duele tener que ser yo el mensajero,
Que te destruya las ilusiones y que sea tan certero...

Si daño le hiciste, ahora te toca afrontar tu paga,
Si no supiste amarla, deja por favor que yo lo haga...

Christian Castro Silva

Vivirás en mis tatuajes

(jueves 26 de abril del 2012)

Cada letra que con tinta y sangre se escribió,
Son las letras que a mi vida entera alimentó,
Me gusta llevarte en mi piel,
Porque donde estás escrita yo seré como tu papel...

Esa tinta no sólo está por encima,
letras de tu nombre van en mi sangre hasta mi espina,

Que hermoso sentirme parte de tus letras,
Porque cuando estoy lejos, conmigo te reencuentras,
Recorro la vista por mi ser,
y estás aquí día, noche y atardecer...

Te siento parte de cada respiro,
Y aunque no lo sepas cada tarde contra ti conspiro,
Planeando nuevas formas de amarte,
Y hasta cuando te vea, como empezaré a tocarte...

Leer mi piel es pasear por un museo de tu propiedad,
Muestro tu nombre en mi desnudez con dignidad,
Excitante es convertirme en la extensión de tu ser,
Pero es más apasionante despertar contigo al amanecer...

Christian Castro Silva

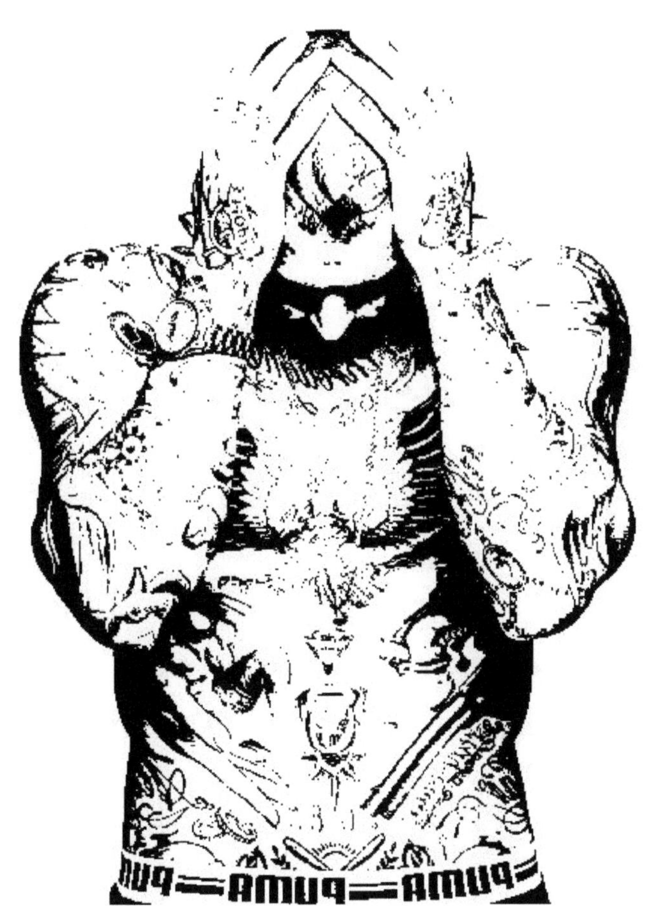

Confundida y desentendida

(viernes 10 de julio de 1998)

¿Te sientes bien mintiéndome y diciéndome amor?,
Eres mala comediante, ¿acaso yo no tengo valor?,
Si te sientes una reina, ¿por qué nadie jugó contigo?,
Pero ya te tocará, pues por eso no te maldigo...

Me duele y te maldigo, por decirme amor,
Por pretender y creerme tu cuento de horror,
Es increíble que no sientas mi dolor,
Tu bipolaridad es mi continuo ardor...

Eres una flor hermosa que se muestra sin espinas,
Pero atacas y envenenas cuando beso tus toxinas,
Endulzas con tus besos y miras siempre al rostro,
Luego rompes tu promesa y despiertas a tu monstruo...

Que insulsa
Que ilusa
Tu vida se está construyendo en base a una excusa,
Qué pena, tan bella, cariñosa y es sólo una medusa...

Christian Castro Silva

Un beso y un café

(viernes 21 de noviembre de 2014)

Tu aliento es un alimento, cada día sólo deseo eso,
Me quita el sueño, me encanta sentirlo en cada beso,
Me encanta mirar el color caramelo de tus ojos,
Tus besos son de café y siempre calman mis enojos...

Me encantas mujer de gestos de niña agrandada,
Cada beso tuyo es más húmedo en cada pasada,
¿Qué me dices ahora? en ese lenguaje no verbal,
¿Quieres tenerme ahora sumergido en tu pantanal?...

No eres a veces muy discreta,
Pero me gusta que seas honesta,
Porque eres una encantadora amante secreta,
Después de este café me tendrás otra vez caleta...

Después de este café, tus besos hierven como un cometa,
Yo sé que un café cargado es la mejor receta,
Porque tu cuerpo lo sabe y lo interpreta,
Después de este café se entiende que ya la ropa aprieta...

Christian Castro Silva

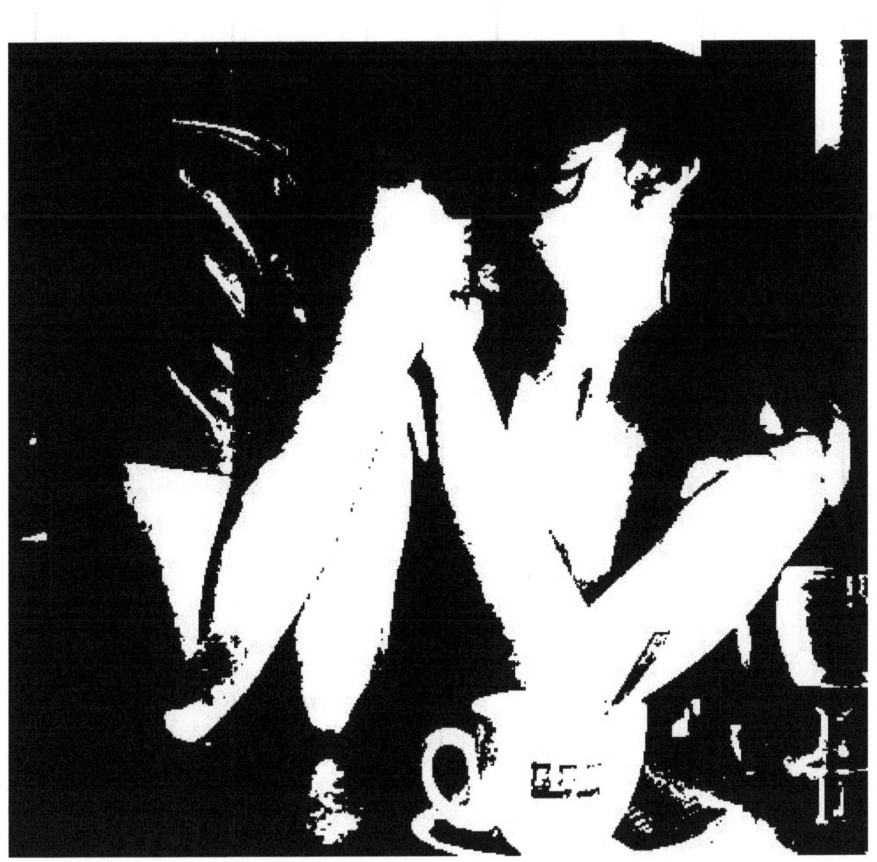

Préstame un sentimiento

(sábado 8 de febrero del 2020)

Préstame un sentimiento,
Porque ya no sé ni lo que siento,
Temiendo lo que no entiendo,
Siento que, esta vez si te pierdo...

Quizá tú no lo entiendas,
Pero eres tú la que me dejas,
Eres tú la que te alejas,
Y me dices esas palabras que pican como abejas...

Duele decirte adiós de las peores formas,
No es necesario dañarme cuando te transformas,
Dueles con tus palabras en cada sentido,
Dañas con tus miradas a cada latido...

Dolor es lo que debilita mi sentimiento,
Pero duele tanto que ya ni sufrimiento siento,
Sólo te miro y te pienso cuando ya me alejo,
¿Cuánto hubo entre nosotros?, ¿cuánto ahora dejo?...

Préstame un sentimiento, aunque sea de desprecio,
Para entender que no soy un muerto necio,
No me merecía este trato, yo nunca fui un cretino,
Mi alma está muerta y caminar es mi destino...

Christian Castro Silva

Nuestra burbuja temporal

(jueves 5 de diciembre del 2019)

Llega la hora de amar, normalmente de seis a diez,
Yo salgo de la oficina y tú de un hospital japonés,
Llego al lugar de encuentro un poco desesperado,
Ya son cinco para las seis, pero aún no haz llegado...

Ese lugar de encuentro donde todo da sus comienzos,
Empieza un saludo fraterno, luego son besos intensos,
Poco a poco caminamos hasta el lugar del fuego,
Donde daremos rienda suelta a este secreto juego...

Pero hoy algo se siente distinto,
Tú no llegas y sigo en el sitio,
Saliste a la hora acordada,
Pero no estás a la hora marcada...

Entiendo cuando algo no sale como lo pudiste pensar,
Porque el celular, por un mensaje empieza a sonar,
Ella me dice que no va a llegar,
Que este juego tiene que terminar....

Consideró regresar a su grillete con su conviviente,
Porque con él tiene hijos y le parece conveniente,
No discutiré su decisión,
Aunque me duela el corazón....

Muchos meses vivimos esta pasión sin vacilar,
No puedo creer que de pronto todo fuera a acabar,
Así fue el final de nuestra parodia inmortal,
Que, con un mensaje reventó esta burbuja temporal...

Christian Castro Silva

¿Ya te puedo llamar amor?

(jueves 20 de febrero del 2020)

Te pensé hace mucho y en mis sueños habitabas,
Eras secreto entre mi conciencia y mis almohadas,
Un día me crucé contigo y comenzó algo soñado,
Realmente aún no lo creo, pero estoy enamorado…

De noche y de día, estás en mi cabeza,
Lo que solo un día soñé, ahora empieza,
No sé qué sientas en tu corazón noble princesa,
Pero a este loco de mil vidas le das entereza…

Ganas de la vida, poder afrontar,
Ganas de vivir y de poder amar,
Siento que todo contigo lo puedo lograr,
No quiero que termine y a tu lado quiero madurar….

Es poco tiempo desde que decidimos esta unión,
Desde antes quería que seas parte de mi corazón,
Entiende que alguien en silencio te quiso,
Y ahora eres en cada beso un eterno paraíso…

Me entusiasmas con tus miradas,
Me sonrío con tus palabras,
Me derrites con tus besos de calor
Dime, si siento todo esto, ¿ya te puedo llamar amor?...

Christian Castro Silva

Besos incompletos
(sábado 15 de febrero del 2020)

Pequeños ósculos como muestras gratis,
Chiquitos con la velocidad de una mantis,
Me besas con la fugacidad de un arcoíris,
Aunque me ahogue de deseo cual Osiris...

De lo bueno siempre es poco,
De lo poco yo sí noto,
Que con cada besito me vuelves loco,
Y con esas chispitas no quieres fuego tampoco...

Bueno comprendo el mensaje escondido,
Que esto se haga de a pocos y que tenga sentido,
Que tus besos incompletos me tengan cautivo,
Si fueran completos, de placer me dejarías aturdido...

Entiendo claramente los besos cortos y tu mensaje,
No quiero salir de este efervescente espumaje,
Es continuo y lo siento en todo mi ser cual amperaje,
Deduzco como me tienes, bajo este dopaje...

Finalmente, tus besos cortos empezaron a alargarse,
Me han sorprendido con su forma de conectarse,
Que nuestros cuerpos hagan contrastes al tocarse,
Entiendo tus ganas de controlar el fuego al iniciarse...

Christian Castro Silva

Henos aquí

(sábado 22 de febrero del 2020)

Henos aquí los dos en una cama por vez primera,
Henos aquí y no sé cómo arrancará esta quimera,
Pero valió el tiempo desde la conquista, toda la espera,
Henos aquí y me miras con un deseo que desespera...

Veo en los espejos tus cuerpo desnudo y perplejo,
Me veo acariciándote, buscando un meneo complejo,
Avanzo en inestable proceso, el placer se hace parejo,
Igualamos fuerzas y me alíneo contigo y se ve en el espejo...

Logramos una danza confina llena de sincronía,
Sin música, sin notas, sabiendo que nadie la frenaría,
Fundidos en un solo ser, se enciende la sinfonía,
Emprenden los suspiros y la placentera cacofonía...

Existe una agraciada e intensa conexión,
Esto va más allá, en más de una sola dirección,
Te diversificas como si nadaras en la sofocación,
Esto en mí tiene más de una alocada reacción...

Nos extendemos en un ritual obsceno de placer,
Pensando que ninguno de los dos va a perecer,
Pero después de una hora de fuego efervescer,
Con unas sonrisas de satisfacción nos empezamos a desvanecer...

Christian Castro Silva

Le dije adiós junto al mar

(sábado 5 de diciembre de 1998)

La vi por última vez junto al mar en cuclillas,
No me dejó acercarme ni que me pusiera de rodillas,
Habló de espaldas a mi parada, en esas orillas,
Dijo; no mereces mi amor, yo no soy de esas chiquillas...

No me dejó pedir perdón, no me dejó decir lo siento,
Dijo lo que sentía y sabía que todo era cierto,
No entraría en ninguna discusión, por mi desacierto,
Dijo lo que tenía dentro, terminó con un, "lo lamento"...

Me dijo sin vacilar, se acabó ya no más,
Ya no puedo y te alejo, no me importa lo demás,
Seré fuerte, pero en mi vida nunca más tú estarás,
Esto es el fin sólo aléjate y no vuelvas jamás...

Aturdido sigo de pie, inerte desde donde la miro,
Sé que fui muy pánfilo y no cuidé ese zafiro,
Ella se derrumba frente a mi y yo solo expiro,
Inerte y estúpido sólo miro y con ese dolor conspiro...

Antes de partir veo sus pies plantados en la arena,
Pequeños y hermosos bañados con la espuma serena,
Las olas en el fondo golpean y ella llora de pena,
Lagrimeaba como gotas de rocio, adiós hermosa azucena...

Christian Castro Silva

En Cuenta regresiva

(lunes 25 de noviembre de 2019)

Esta mañana el café no tiene sabor,
No sé si es por causa de este dolor,
Se acabó entre los dos todo el amor,
Lo que siento, es un sentimiento de horror...

Tengo que partir de ti y de tu vida,
Y siento que nunca pude cerrar tu herida,
Siento no poder entender tu rehuida,
Debo partir, no dejemos que nada lo impida...

Eres fuerte pues no muestras dolor alguno,
Y pensar que alguna vez fuimos sólo uno,
Compartimos amor y todo era oportuno,
Nos amamos como nadie y como ninguno...

No diré adiós, ni nada que te pueda herir,
Porque no me hablas, ni me miras al partir,
Pero muy dentro de mí, hoy me siento morir,
Porque no era el día que mi corazón dejara de latir...

No puedo decir que no duele, porque hoy no puedo fingir,
Desde hoy, ya no hay nada en este mundo que me pueda abatir...

Christian Castro Silva

Y te vi andar lejos de mi

(miércoles 2 de octubre del 2002)

Estamos los dos mirándonos al rostro,
Sin saber que va decir el uno del otro,
Eres tú, un duelo de palabras que arrastro,
Pues tú, quieres herirme y yo huir sin catastro...

Lo primero que se dispara es un lo siento,
Empiezan los disparos, donde me acusas que miento,
Prefiero mirarte sin hacer nada y quedarme atento,
Quiero ver cuánto barro me lanzas en este enfrentamiento...

De lo que alguna vez fue amor sincero y del bueno,
Hoy existen ataques y dardos con veneno,
Sólo espero que tu lengua no se haga un trueno,
Pues mis oidos al escucharte yo mismo gangreno...

No sé si sentir lastima o sentir culpa,
Por la vivencia de amor, antes de ponerlo bajo lupa,
Pero en estos minutos de dolor algo me preocupa,
No sé, ¿cuánto más tu lengua este veneno escupa? ...

Te pido me dejes irme y me dejes largarme de aquí,
De este infierno donde me siento como un maniquí,
Prefiero recordar lo hermoso que a tu lado aprendí,
Que escucharte y sentir que al lado de Deimos viví...

Christian Castro Silva

Un baile un deseo

(sábado 5 de abril de 1997)

Bailas y tus movimientos estremecen mi razón,
Es increíble cómo te mueves y alborotas mi emoción,
Eres mujer sensual de eterna pasión y deflagración,
Sólo te miro y si te toco haremos combustión...

Única, explosiva, masiva, decidida e histriónica,
Tu danza va más allá de una licitación salomónica,
Si llego a besarte sentiría que soplo una armónica,
Pero cada parte de tu cuerpo va al ritmo de una sinfónica...

Con el placer del baile, llevas armonía en tu cabello,
No dejo de mirarte, que bien se siente tu resuello,
Amo tus pasos coordinados y tus giros de ensueño,
Te deseo cada día y siento orgullo de ser tu dueño...

Mueves tus finos cabellos largos negros y sedosos,
Mientras bailas, me encantan tus besos jugosos,
Me vuelven loco esos planos de segundos melosos,
Estás jugando un juego lascivo, pérfido y peligroso....

Te das cuenta ¿qué estás haciendo? me pones cargoso,
Todos nos miran y piensan que yo soy el morboso,
Mi amor somos enamorados adolescentes y afanosos,
Es mi fiesta de quince, no deberíamos ser tan fogosos...

Christian Castro Silva

¿Y cuándo el barrio se fue?

(miércoles 26 de febrero del 2020)

Miro las esquinas y calles de donde éramos dueños,
Ahora mirar a esos rincones sólo son sueños,
No están los amigos gritones que ardían como leños,
Cada uno tomó su camino se olvidaron de ser los chibolos limeños...

Barrio adorado, hoy a tus calles he vuelto,
Aunque camino entre ellas no encuentro el revuelto,
No siento que sea el lugar de antes, lo siento disuelto,
La gente no está y nuestro derecho a calle se ha absuelto...

Cada uno en su camino forjando ser un ciudadano,
Pero se olvidan que a todos nos une algo de la mano,
Éramos hermanos de la calle con código urbano,
Ahora no queda nada de eso, ni siquiera un grano...

Ahora somos gente que va en auto o en movilidad,
A otros les gana la petulancia y la falta de vecindad,
Pero les digo ahora con la mayor y sincera claridad,
Somos gente de barrio menesterosos, llenos de felicidad...

Ahora ya nada entre nosotros va a cambiar,
Sólo en funerales nos vamos a encontrar,
Sólo en esas oportunidades vamos a recordar,
Que éramos felices y que nunca eso va a regresar...

¡Barrio querido aquí estoy nunca te voy a olvidar...!

Christian Castro Silva

Viviendo sin norte

(jueves 27 de febrero de 2020)

Te conocí hoy, justo el día de tu desaparición,
Decidiste que el mundo ya no entendía tu razón,
Te fuiste diciéndole al mundo lo que es la depresión,
Eras casi un niño por eso me apenó tanto tu decisión...

También vi tus fotos y comprendí tu real decepción,
Andabas sólo a pesar de los likes de tu publicación,
Pedías ayuda y nadie entendía tu frustración,
Y concluiste plasmando lo que te dictó tu intensión,

El dolor no te dejó vivir sereno y acompañó tus días,
Nadie entendió que por dentro día a día morías,
Hasta que afloró lo que ese día realmente querías,
Difícil cambiar el pasado o imaginar lo que harías...

Es importante pensar en los jóvenes y su soledad,
Que cuando no resuelven su disconformidad,
A veces no son capaces de distinguir la realidad,
Y toman decisiones,
en segundos de fatalidad...

Álvaro no se te puede culpar esta decisión fatal,
Pues, es algo que se tiene que tratar y es real,
Cuantos quisimos estar allí contigo y evitar tu final,
Pues, tus últimas palabras decían; "Creer en la realidad ideal".

"Álvaro Rosales ya no te volverás a sentir mal...descansa en paz..."

Christian Castro Silva

Mi Lima es mi verdadera amante

(domingo 18 de enero de 1998)

Ciudad que amo con locura, Lima linda e insegura,
Desde niño entendí que te amaba y con ternura,
Porque te imagino como una dama elegante y pura,
Que cuando habla emocionada se le escapa una lisura...

Es dolor, verte abandonada a tu entera suerte,
Te destruyen, invadiéndote día a día sin detenerte,
No deseo, ver cuánto te destruyen hasta perderte,
Extraño tus costumbres, tu elegancia me falta conocerte...

La Lima de Pinglo ya no brilla como en antaño,
La ciudad de Adam, la misma gente le hace daño,
Las calles de Chabuca han terminado en regaños,
La tierra que salvo Petit Thouars se perdió hace años...

Cada 18 de enero me enamoro más de ti y tu historia,
Me emociona tu cultura y tu distinción notoria,
Pero no sólo eres cuna de valientes y gente notoria,
Lima, la gente no te entiende por su desmemoria...

Preciosa dama de gala e historia engalanada,
Tu belleza y gracia ha sido siempre enarbolada,
A veces me conformo y te miro seria y empoderada,
Voy a vislumbrarte en el parque Cervantes hermosamente humanizada...

Christian Castro Silva

Un conjuro de princesa

(viernes 7 de agosto del 2015)

Reina alguien te mintió horrible y te dejo engañada,
Porque te crees princesa y crees que eres destacada,
Que te admitieron altar y dejaron desequilibrada,
Triste porque tu realeza esta deshumanizada...

Pides a gritos te sirvan como si privilegios tuvieras,
Solicitas ser primera como si hicieras y deshicieras,
Hablas de tu vida en Regatas como si oro fundieras,
Y desprecias al de color puerta que malogra tus tierras...

Hay un error en tus entendimientos pedantes,
Porque sólo en tu cabeza hay ideas recalcitrantes,
Crees que eres jefe y no ganas más que los asistentes,
Te recuerdo que en tus estornudos no lanzas diamantes...

Crees que por tu sangre corre Wisky etiqueta azul,
Porque tu piel es más blanca y pareces de Estambul,
Odias a las personas pobres de barrios de cemento,
Pues dices que deben desaparecer para evitar su crecimiento...

Te equivocaste de país mujer de triple nacionalidad,
Hablas de tu sangre europea, inglesa y de Bagdad,
Pero cuando hablas de ti misma te falta identidad,
Eres una pituca necia que habla con mediocridad...

Christian Castro Silva

La libertad de una mentira

(sábado 12 de octubre del 2019)

Me gusta que mientas, sé que siempre dices mentiras,
Me encanta ver que mientas tanto como respiras,
A algunos así te creen, quizá así cautivas,
Pero yo que te conozco, a mí ya no me inspiras...

Pasaste de confianza a actitudes mal intencionadas,
Me destruyes paso a paso con ficciones infundadas,
La verdad de amar no es sentir día a día bofetadas,
Buscas el odio con acciones planificadas....

Cansa tu victimización y tus ganas de degradarme,
Dices que buscas la libertad y quieres avergonzarme,
Nunca tendré de ti ganas de vengarme,
Los odios que meditas, los ignoro y ya no pueden tocarme,

Me apena tu futuro pensando en cómo destruirme,
Sabes que en ti no pienso, ni quiero maldecirte,
No hay ninguna forma que captes mi atención,
Te supere hace mucho y esto no es rendición...

Que te vaya bien, aunque odio quieras disparar,
Yo te veo feliz con tus ideas de libertad y ganar,
Libre como dices es seguro vas a estar,
Viviendo la libertad a tope y sin hijos que tener que criar...

Christian Castro Silva

Cuando no puedas olvidarme

(miércoles 27 de junio de 2018)

Sombras existen por lugares donde juntos pasamos,
Lugares donde a oscuras y sin temor nos amamos,
Calles, parques y hostales donde nos eternizamos,
Zonas rojas para nosotros donde de más nos besamos...

Y ahora bien, intentas lo mismo con tu amor de paso,
Pues hay algo que con él no existe y sientes fracaso,
Que no estoy yo, con el que jugabas más despacio,
Porque tu libido, yo lo llevaba hasta el espacio...

¿Qué pasó otra vez?, otra noche de café y pensarme,
¿Qué sucede?, Acaso no puedes de tu mente sacarme,
Estabas con él, pero en tu mente pude sincronizarme,
Me imaginaste otra vez ¿Qué no puedes olvidarme?...

Podrás cambiar las fichas y la estrategia, eso espero,
Difícilmente podrás jugar el juego en otro tablero,
Porque, aunque él siempre lo haga con esmero,
Lamento que nuestros cuerpos sigan fundidos como el acero...

No le faltas el respeto por tenerme en tu mente,
Aunque sean sus momentos, sé que es impertinente,
Por ahora no importa, sigue jugando a entretenerte,
No te lamentes, sólo piensa que te estimulas diferente...

Christian Castro Silva

Sesenta veces no

(domingo 6 de febrero del 2000)

Un verano más que estás aquí y que vuelves,
Hablándole como cuando un cristal envuelves,
Vienes por ella, lo sé porque tus visitas son breves,
Tratándola cual reina con palabras suaves y leves...

Soy tu amigo y tengo que entender que lo tienes todo,
Pero el amor de ella, no lo puedes tener no hay modo,
Ella juega contigo pidiéndote todo cada periodo,
Amigo yo te veo y no necesito ser un sabelotodo...

En dos veranos que haz vuelto por ella de tu viaje,
Ella con otros señores infames ha sacado peaje,
Me molesta que contigo sólo busque libertinaje,
Cuando vuelves ella es la gran dama cual camuflaje...

Otra vez vas a volver a partir con ese dolor,
De que ella otra vez, no ha aceptado tu amor,
Y piensas que quizá la próxima podría ser mejor,
Amigo no dejare que otra vez cometas un error...

Te digo con toda devoción y con ganas de justicia,
Si ella pudo decirte sesenta veces no, eso es malicia,
Le encantan tus regalos te mira con avaricia,
No hay futuro en ella, tu tiempo sólo se desperdicia,
Ella sólo busca codicia,
Es sólo inmundicia...

Christian Castro Silva

Tierna, hermosa y peligrosa

(domingo 10 de enero de 1999)

Te vi por primera vez caminando muy furiosa,
Con zapatillas blancas y una expresión de diosa,
Caminabas por difíciles zonas, pedante y tan gloriosa,
Delgada, linda, esbelta y tan bella, como peligrosa...

Cuando te hablé sentí una sensación ansiosa,
No sabía si decirte me gustas o decirte otra cosa,
Tu ceño fruncido contradecía tu sonrisa preciosa,
Y un short de Alianza te hacía ver voluminosa...

¿Qué se puede hacer cuando contra todo te enamoras?,
Cuando a la ex novia de Lucifer realmente adoras,
Si los sentimientos te conducen hacia lo que afloras,
Al Frente tuyo tus ojos son pasiones sofocadoras...

Por fin logro ser tu amigo y hasta tu confidente,
Sé que, si te falló algún día, perderé un diente,
El amor que siento por ti, en todo es más fuerte,
No creo que irte conociendo algún día lo lamente...

Frente a ti perdí la voz, en la boca tengo un amarre,
Estoy a solas contigo y no tengo quien me ampare,
La sonrisa nerviosa no me ayuda ni a tomar aire,
Te miro sonrío y me dices, habla pe concha tu mare...

Te hablo y entiendes lo que digo, aún ahora lo narro,
Me besaste fuerte como si me atropellara un carro...

Christian Castro Silva

Engrasando cadenas

(miércoles 4 de marzo del 2020)

Estos meses en mi vida los más difíciles fueron,
Por caminos de tristeza y angustia me condujeron,
Hubo noches de depresión y dolor que trasgredieron,
Aprendí desazón y recelo que con los días engravecieron,

A veces no se siente la vida y el dolor no es efímero,
Para sentir la gloria aprender dolor es primero,
Muchas veces necesité un abrazo sincero,
Pero nadie estuvo allí y aprendí a comer acero...

Pero hay algo más que quisiera tener en claro,
Vivir a veces parece malo y eso no parece raro,
Te enteras que estás solo, no hay quien coja tu mano,
Escribes tus memorias tratando que no sea en vano...

Buscas la razón de no encontrar salida,
Y sientes que por encima pasa una estampida,
Estos sentimientos negativos te lapidan,
Sientes que llega el fin y no quieres que te sigan...

Finalmente, la vida en algo inútil se acomoda ahora,
No ha pasado el tornado sólo espera la peor hora,
Tienes que enfrentarlo fuerte y no pedir auxilio,
Aunque sientas que ya tu vida corre al exilio...

No me rendiré, aunque la tensión me mate a diario,
Viviré, para contarles mi vida en otro poemario...

Christian Castro Silva

Printed by Books on Demand GmbH, Norderstedt / Germany